イネ・米・ごはん大百科

3

監修 辻井良政
佐々木卓治

お米を届ける・売る

イネ・米・ごはん大百科
❸ お米を届ける・売る

もくじ

お米が食卓に届くまで

マンガ 収穫したお米はどうなるの？ ・・・・・・・・・・ 4

お米の流通ルート ・・・・・・・・・・・・・・・・ 6

農業協同組合（ＪＡ）の役割 ・・・・・・・・ 8

お米を集める・保管する ・・・・・・・・・・ 10
　もっと知りたい！ 稲わらの活用法 ・・・・・・・ 12
　お米の保管のくふう 昔ながらの貯蔵の知恵 ・・・・・ 13

お米の検査と格付け ・・・・・・・・・・・・ 14
　米づくりのくふう 「お米通信簿」を配布 ・・・・・・ 15

政府がお米をたくわえる ・・・・・・・・・・・ 16

お米の卸売業者の仕事 ・・・・・・・・・・ 18

新しい販売ルート ・・・・・・・・・・・・・・ 20
　お米を売るくふう 産地直売所でお米を売る ・・・・・・・・ 20
　もっと知りたい！ 「中食」「外食」で好まれるお米 ・・・ 21
　お米を売るくふう 炊いたごはんを販売する ・・・・・ 21

お米の値段の決まり方 ・・・・・・・・・・ 22
　もっと知りたい！ 「市場」と「市場価格」の変動のしくみ ・・・ 23
　お米を売るくふう 付加価値を高めてお米を売る ・・・・・・・ 23
　もっと知りたい！ お米の流通と食糧制度の歴史 ・・・・・・・・ 24

商品情報を伝えるしくみ ・・・・・・・・・・・26
　トレーサビリティのくふう トレースバックシステムで
　米トレーサビリティ法に対応 ・・・・・・・・・・・ 27

消費者にお米を販売する ・・・・・・・・28
　お米を売るくふう 「お米マイスター」の活躍 ・・・・・・ 28
　お米を売るくふう 新しいお米の販売のスタイル ・・・・・ 30
　もっと知りたい！ 「ふるさと納税」を活用する ・・・・・・・ 31

米づくりの６次産業化 ・・・・・・・・・・・ 32
　６次産業化のくふう 米づくりから販売まで ・・・・33

世界の中の日本

マンガ 日本は外国からお米を輸入しているの? … 36

日本の食料生産 ………………………………… 38
　もっと知りたい！ 食料自給率の種類 ………………… 38

世界の米づくりと輸出・輸入 ……………… 40

お米の輸入の自由化 …………………………… 42
　もっと知りたい！ 「TPP」って何? …………………… 43

日本のお米を世界へ ……………………………… 44
　お米を売るくふう 世界で日本のお米を精米・販売 ……… 45

さくいん ……………………………………………… 46

ぼくたちといっしょに
お米の流通と販売に
ついて学ぼう！

お米博士　　ダイチ　　メグミ

この本の特色と使い方

●『イネ・米・ごはん大百科』は、お米についてさまざまな角度から知ることができるよう、テーマ別に6巻に分け、体系的にわかりやすく説明しています。

●それぞれのページには、本文や写真・イラストを用いた解説のほかに、コラムや「お米まめ知識」があり、知識を深められるようになっています。

●本文中で（➡○巻p.○）とあるところは、そのページに関連する内容がのっています。

●グラフや表には出典を示していますが、出典によって数値がことなったり、数値の四捨五入などによって割合の合計が100％にならなかったりする場合があります。

●1巻p.44～45で、お米の調べ学習に役立つ施設やホームページを紹介しています。本文と合わせて活用してください。

●この本の情報は、2020年2月現在のものです。

本文
各ページのテーマにそった基本的な内容をまとめてあります。

**コラム
もっと知りたい！**
重要な内容や用語を掘り下げて説明しています。

写真・イラスト解説
写真やイラストを用いて本文を補足しています。

お米まめ知識
学習の補足や生活の知恵など、知っていると役立つ情報をのせています。

**コラム
お米の保管のくふう
米づくりのくふう
お米を売るくふう
トレーサビリティのくふう
6次産業化のくふう**
農家の人たちや企業のくふう、努力など、具体的な例を紹介しています。

収穫したお米はどうなるの?

秋に収穫したお米が1年中食べられるのはどうしてかな?

ねぇお米博士

お米は1年に1回秋に収穫するんだよね?

でもお米は1年中お店で売られていていつでも食べられるよね

どうして?

夏でも 冬でも

いいところに気づいたね!

じゃあ収穫したお米がどうなるのか見てみよう!

お米劇場 お米くんの旅

元気でな〜

おいしく食べてもらうのよ〜

立派に育ててくれてありがとう!

よろしく!

やあ!よく来たね!

農家で収穫したお米の多くは「もみ」の状態で農業協同組合(JA)のカントリーエレベーターに集められるよ

ここでまずもみは温風を当てられてゆっくり乾燥させられるんだ

収穫したときのままだと水分が多すぎて傷んだり芽が出たりしちゃうんだよ

それからもみは「サイロ」とよばれる大きなタンクで貯蔵されるよ

あったか〜い

ココ

かいてき〜

へぇ〜

すやすや

このサイロがポイント！
お米は野菜などと同じ農産物だから
放っておくと傷んじゃうけど

もみの状態で温度や湿度を
きちんと管理して保管すれば
1年以上も長もちするんだ

すごい！
だから1年中お米が
食べられるんだね！

出荷の時期が来ると
もみは「もみすり」といって

もみ殻を取って
「玄米」になり…

JAなどから卸売業者に
出荷されるよ

よろしくおねがいします

おあずかりします！

それから玄米は
全国各地に運ばれて

卸売業者の工場で
「精米」といって

玄米から「白米」にする
加工がされて

お米屋さんや
スーパーマーケットの店頭に
ならぶんだ

特売入荷！

米

おいしいお米入りましたよ

お米がぼくたちのところに
届くまでに、いろいろな人が
関わっているんだなぁ

もっとくわしく
調べてみよう！

5

お米の流通ルート

農家でつくられたお米は、いろいろな場所や人の手を経て、消費者のもとに届きます。

◯ 民間流通米と政府備蓄米

農家でつくられたお米が、わたしたち消費者のもとに届くルートはふたつあります。

ひとつは「民間流通米」とよばれるルートです。多くは、農家から、農家の人たちが組合員となって運営している「農業協同組合（JA➡p.8～9）」などの出荷取扱業者に集められたお米が、卸売業者を経て、お米屋さん、スーパーマーケットなどの小売店で販売されます。最近は、農家が「道の駅」などの産地直売所にお米を売ったり、消費者に直接販売したりすることも増えています。

もうひとつは「政府備蓄米」とよばれるルートです。政府が農家やJAからお米を買い受け、災害や不作で民間流通米が足りなくなったときに備えてたくわえています。

生産者から消費者までのルート

┈┈┈▶ 民間流通米のルート　　━━▶ 政府備蓄米のルート

つくる ➡2巻

生産者（農家）

生産者（農家）の多くは、収穫したお米（もみ）をJAなど出荷取扱業者に出荷する。

このほかに、農家が「道の駅」などの産地直売所にお米を売る産地直送販売や、消費者に直接お米を売るインターネット販売のルートもある。

集める・保管する ➡ p.8~11

出荷取扱業者（JAなど）

JAなどの出荷取扱業者は、農家から集めたお米（もみ）をカントリーエレベーターや農業倉庫で保管・管理する。

産地直送販売

インターネット販売

※それぞれのページでくわしく説明しています。

たくわえる　→ p.16~17

政府

政府は生産者やJAからお米を買い入れ、災害や不作に備え、「政府備蓄米」としてふだん約100万tのお米をたくわえている。

▲倉庫で保管される政府備蓄米。

売る　→ p.18~23、28~31

販売業者（卸売業者、小売業者など）

卸売業者は、おもにお米屋さん、スーパーマーケットなどの小売店や飲食店などにお米を販売する。産地直売所やお米屋さん、スーパーマーケットなどの小売店は、直接消費者にお米を販売する。

▲お米屋さん

▲卸売業者

▲産地直売所

▲スーパーマーケット

買う　→5巻

消費者

消費者は、お米をお米屋さんやスーパーマーケットなどの小売店で買ったり、インターネット販売などで農家から直接買ったりすることができる。

収穫されたお米が流通するあいだにはたくさんの人たちが関わっているんだね！

農業協同組合（JA）の役割

各地域にある農業協同組合（JA）は、農家の米づくりや
くらしを支えるいろいろな仕事をしています。

農家の人たちが組合員に

「農業協同組合」は、略称で「農協」、愛称で「JA」ともよばれる組織です。お米や野菜などをつくる農家の人たちが組合員になり、出し合ったお金で運営されています。

JAの仕事は、出荷取扱業者として、農家が生産したお米を集めて保管・販売をしたり、カントリーエレベーターなどの共同施設を運営したりすることです。たとえば、農家の一人ひとりが米づくりをしながらお米を売るために営業したり、保管施設を運営したりするのは大変です。そこで、そうした仕事をJAが担っているのです。

JAは地域に根ざした市町村や都道府県のJAのほか、おもに農産物の流通や売買に関係することを担う「JA全農」、組合員の銀行のような役

目をする「農林中金」、組合員の病気や事故、災害に備え保障をする「JA共済連」、そして、全体をまとめる「JA全中」などが連携しています。

JAグループの組織

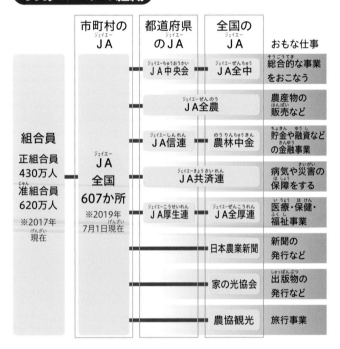

	市町村のJA	都道府県のJA	全国のJA	おもな仕事
組合員 正組合員 430万人 准組合員 620万人 ※2017年現在	JA 全国 607か所 ※2019年7月1日現在	JA中央会	JA全中	総合的な事業をおこなう
			JA全農	農産物の販売など
		JA信連	農林中金	貯金や融資などの金融事業
			JA共済連	病気や災害の保障をする
		JA厚生連	JA全厚連	医療・保健・福祉事業
			日本農業新聞	新聞の発行など
			家の光協会	出版物の発行など
			農協観光	旅行事業

JAのしくみ

組合員

組合員には、農業を営む「正組合員」と、農業は営んでいないがJAの事業を利用することができる「准組合員」がいる。それぞれ、JAに出資する。

市町村のJA

市町村のJAは、地域の組合員の農業経営や農産物の販売のサポート、銀行や保険の役割などを担い、くらしの手助けをする。

都道府県・全国のJA

効率的によりよい活動ができるよう、各地のJAをまとめ調整をおこなう。各地の組合員や農林水産省と意見交換会などもおこなう。

お米 まめ知識 農協が発足したのは1948（昭和23）年で70年以上の歴史があるよ。2017（平成29）年現在、組合員と准組合員を合わせて1000万人以上という、とても大きな組織になっているんだ。

JAに勤める職員は、組合員の農家の人たちが仕事をしやすいようサポートをしたり、農業技術の指導をおこなったりしている。

農産物の管理・販売

農家が生産したお米を集めて管理し、乾燥・もみすりなどをおこない、お米を商品として卸売業者やスーパーマーケットなどの小売店に出荷・販売する。

（写真：JA 南アルプス市）

共同施設の運営

イネの苗を育てる育苗センターや、収穫したお米を集めて管理するカントリーエレベーターなど、組合員が共同で使う施設を運営する。

（写真：JA 鈴鹿）

農業機械の販売・レンタル・整備

コンバイン、トラクターなどの農業機械や資材の販売、また農業機械のレンタルや点検、整備などをおこなう。（写真：JA 鈴鹿）

肥料などの共同購入・販売

肥料や農薬などをまとめて安くメーカーから仕入れ、組合員に販売する。

農業技術などの指導

新しい技術や品種改良の試験をおこない、講習会や勉強会を開くなどして、農家にイネの栽培に必要な技術を指導する。農家の経営やくらしのアドバイスもおこなう。

くらしを支える

組合員のための銀行の役目をする「JAバンク」や、事故や災害の保障をする「JA共済」などを運営し、組合員のくらしを支える。

（写真：JA 南アルプス市）

お米を集める・保管する

農家で収穫したお米は、多くの場合、まずは
JAのカントリーエレベーターなどに運ばれます。

イネからお米へ

農家で収穫したばかりのお米は、殻のついた「もみ（➡2巻 p.8）」という状態で、水分が約25%ふくまれています。この水分量では、もみが傷んだり芽を出したりしてしまうため、もみを乾燥させる必要があります。多くの農家では、大きな乾燥機があるライスセンターや、乾燥させたもみをそのまま貯蔵もできるカントリーエレベーターといったJAなどの施設にお米を運びます。

カントリーエレベーターでは、ベルトコンベアやエレベーターでお米を運びながら、計量、乾燥、貯蔵、品質検査、袋づめなどがおこなわれます。

▲地域でとれたお米を集めて保管するカントリーエレベーター。

カントリーエレベーターのしくみ

1 荷受

地域の農家で収穫されたお米が、もみの状態で運ばれてくる。荷受設備の投入口にもみを入れると、もみはベルトコンベアやエレベーターで次の作業場所へと運ばれる。

▲もみの入った袋の口を開け、投入口にもみを落とし入れる。　▲もみの状態のお米。

2 異物の除去・計量

もみにまざっているわらや小石などをふるいのような機械で取りのぞき、もみの重さを量る。ここで、農家ごとのもみの量が記録される。

3 乾燥

収穫したばかりのもみで約25%ふくまれていた水分が、約15%になるまで乾燥させる。高温で急に乾燥させると、ひび割れや味が悪くなる原因になるので、低温でゆっくり乾燥させる。

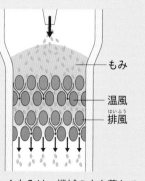

もみ
温風
排風

▲もみは、機械の中を落ちていくあいだに温風が吹く層と温度を逃がす排風の層を通り、少しずつ乾燥していく。

4 貯蔵

乾燥させたもみを「サイロ」とよばれる大きなタンクで貯蔵する。コンピュータで温度や湿度を適切に管理することで、長期間お米の品質を保つことができる。

▶操作室のコンピュータで、サイロの温度や湿度などを管理する。

このような施設で品質を保ちながらお米が保管されているから、1年中おいしいお米が食べられるんだね!

5 もみすり

出荷に必要な量だけ、もみすり機でもみをおおっている「もみ殻」を取る「もみすり」をして玄米にする。

◀回転するゴムロールのあいだをもみが通ると、もみ殻が外れて玄米になる。

ゴムロール

▶もみすりをした玄米。

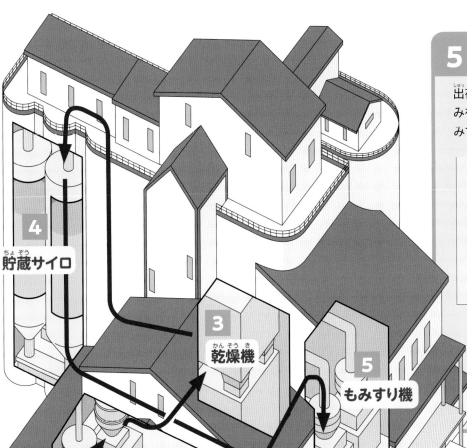

貯蔵サイロ

4

3

乾燥機

5

もみすり機

2

6

出荷設備

荷受設備

1

6 出荷

玄米を袋づめにし、卸売業者の精米工場や小売店などに出荷する。

▶トラックに積んで出荷する。

こんな乾燥方法も！

お米を天日で干す

稲刈りのとき、コンバインが使えない小さな田んぼなどでは、バインダー（➡2巻p.31）で刈って天日で干すこともあります。太陽の光でじっくり乾燥させたお米は、機械で乾燥させるよりおいしいともいわれていますが、じゅうぶんに乾燥させるまでに1～2週間はかかります。

杭がけ　田んぼに打ちこんだ杭に、束ねた稲を積んで干す。

はさがけ

「はさ」は稲を干すために木や竹を組んだもののこと。横木をわたし、束ねた稲をつるして干す。

干し方やよび方は「棒がけ」「さおがけ」「おだがけ」など、地域によっていろいろ！こうして稲を干す光景は日本の秋の風物なんだよ

もっと知りたい！ 稲わらの活用法

昔は、稲を刈ったあとの稲わらをわらぶき屋根に利用したり、編んで「むしろ」という敷物や「わらじ」というはき物をつくったりして、くらしのなかで活用していました。現在は、コンバイン（➡2巻p.30）から排出された稲わらを、土にすきこんで土づくりに役立てたり、集めて乾かし、ウシのえさ（飼料）にしたりしています。

▶専用の作業機械を付けたトラクター（➡2巻p.13）で稲わらを集め、ロール状にした「稲わらロール」。

お米まめ知識　「はさ」は漢字で書くと「稲架」で、「はさ」のほかに「はざ」「はせ」「はぜ」「はで」と読む地域もあるよ。昔は各地の田んぼで稲わらを干す風景が見られ、それぞれの地域のよび方でよんでいたんだね。

お米の保管の くふう 昔ながらの貯蔵の知恵

現在のようなカントリーエレベーターがない時代に、どのようにお米を貯蔵していたのか見てみましょう。

知恵を生かした道具や設備

お米の保管にカントリーエレベーターが使われるようになったのは、1960年代のことです。それまでは、稲の乾燥が終わったら脱穀し、その後もみすりをして玄米にしたものを、「俵」などのわらで編んだ袋に入れて保管していました。お米を収穫したあとに残ったわらを上手に活用していたのです。

また、品質を保ったままお米を貯蔵するためには、温度と湿度の管理が重要です。山形県酒田市にある山居倉庫は、建物の構造などをくふうし室内の温度や湿度が上がらないようになっています。

▲ 1960（昭和35）年ごろまで使われた米の貯蔵道具「俵」。わらを編んでつくる。

さまざまなくふうを凝らしたお米の倉庫

山居倉庫（山形県酒田市）

山居倉庫は、1893（明治26）年、米穀取引所（お米の売買の取り引きをおこなう場所）の一部として建てられた倉庫です。この倉庫は、取り引きがしやすいように、また、温度や湿度をうまく調節してお米の保管ができるように、さまざまなくふうが凝らされています。

山居倉庫は、つくられた当時の15棟のうち12棟が今でも残され、農業倉庫や「庄内米歴史資料館」として活用されています。

温度や湿度を調節する壁や屋根

▲倉庫の壁は、湿度を調整する働きのあるしっくいでできている。また、屋根は二重構造で土蔵と屋根のあいだにすき間があいていて、風通しをよくし、室内を適温に保てるしくみになっている。

日よけの並木

◀夏の西日と日本海から吹く強風を防ぎ適温を保つために、倉庫の横にはケヤキの木が植えられた。

運搬に便利な立地

▶山居倉庫は、川ぞいで舟での積み降ろしに便利な通称「山居島」に建てられた。館内に展示されたジオラマで、当時のようすがうかがえる。

お米の検査と格付け

お米が収穫されてからわたしたちのもとに届くまでのあいだに、品質や食味など、さまざまな検査や試験がおこなわれています。

◯ 農産物検査で流通をスムーズにする

農産物検査は、農産物検査法にもとづき、産地やつくり方がちがうお米を同じ基準で検査し、品位（品質）や生産年、銘柄（➡1巻 p.27）などを証明するものです。品位の検査では、欠けたお米や着色米※がないかを調べ、1等〜3等の等級を付けています。検査が終わると、米袋に検査印や等級を証明する印が押されます。この証明によって、実際のお米を確認することなく、大量に、また広域にお米を流通させることができるのです。

なお、この検査は、最初は国（食糧事務所）がおこなっていましたが、2001（平成13）年からは、登録を受けたJAなどの民間の機関がおこなっています。

※着色米は、害虫や菌などによって米粒の表面が変色したお米のこと。

農産物検査では
お米のプロフィールが
確定されるんだね！
生産年や銘柄はわたしたちが
買うお米の袋（➡p.26）に
表示されているよ

検査用のお米を用意する

JAなどの検査機関に運びこまれた米袋から、検査用のお米を採取する。

検査し格付けする

資格を持った農産物検査員がお米の品質を調べる。

印が押される

検査が終わった米袋に検査印や等級印が押される。押されている二重丸の印は1等米につけられるもの。

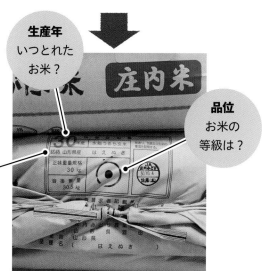

生産年
いつとれた
お米？

品位
お米の
等級は？

銘柄
産地や
品種は？

お米のおいしさを評価する

お米のおいしさを評価するために、食味を調べる試験もあります。農業試験場などでは、アミロース、タンパク質、水分などの成分を調べ「食味値」を出しています。お米はアミロースの割合や水分量によって食味やねばりけが変わります。食味値は、お米のおいしさのめやすになるのです。

また、日本穀物検定協会では、1971（昭和46）年から毎年、全国の銘柄米（➡1巻 p.27）の食味を試験し格付けをしています。この格付けは、見た目、香り、味、ねばり、かたさ、そして総合という6項目を評価し、「特A」「A」「B」など5段階の「食味ランキング（➡4巻 p.16）」として発表しているものです。2018（平成30）年産のお米については、154銘柄が試験され、全体の約3割以上の55銘柄が特Aに格付けされました。

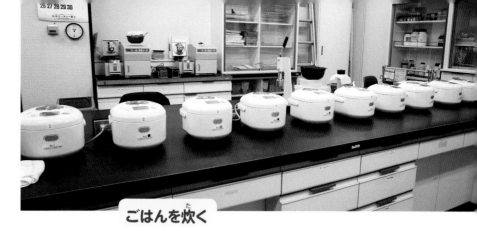

ごはんを炊く

条件を同じにするため、同じ炊飯器を使ってお米を炊く。

食味を評価する

専門の評価員がいろいろなお米を食べて評価する。

米づくりのくふう

「お米通信簿」を配布

JA秋田ふるさと

お米の試験は、消費者がお米を選ぶときのめやすになる一方で、米づくりをする農家にとっては品質の高いお米をつくる目標になっています。

JA秋田ふるさとでは、独自の農産物分析センターでお米の品質を診断し、地域の米づくり農家に「お米通信簿」を配布しています。お米通信簿には、見た目の品質、成分の分析による食味、総合的な品質のほか、おいしいお米をつくるためのアドバイスも記されています。農家の人たちはこの通信簿を楽しみに、米づくりに励んでいます。

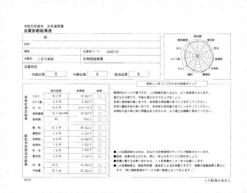

▲ JA秋田ふるさとから、米づくり農家の人たちに配られる通信簿。

（写真：JA秋田ふるさと）

お米まめ知識　2017（平成29）年、28年連続で特Aを獲得していた「魚沼産コシヒカリ」がAランクに落ちてしまった。翌年には特Aに返り咲いたけれど、それだけお米の品質を保つのはむずかしいんだね。

政府がお米をたくわえる

1993（平成5）年、凶作でお米が不足し「平成の米騒動（➡6巻 p.39)」が起こりました。その経験から「備蓄制度」ができました。

もしものときに備える

農家でつくられたお米のうち、「民間流通米」とは別のルートを通ってわたしたちのもとに届くお米に「政府備蓄米」があります。政府備蓄米は、「備蓄制度」にしたがって政府が農家やJAからお米を買い入れ、災害や不作で民間流通米が足りなくなったときに備えてたくわえているお米です。民間流通米が足りなくなったときには、政府が政府備蓄米を卸売業者に売りわたし、流通するお米を補充します。

備蓄制度は1995（平成7）年から始まりました。現在では、政府が農家やJAから買い入れたお米を毎年約21万t、合わせて約100万tたくわえています。備蓄米は一定期間保管したのち、凶作や災害などがなく使われなかった場合は、飼料用米などとして販売されています。

▲政府備蓄米が保管されている倉庫のひとつ。政府備蓄米は2009（平成21）年まで、政府が運営する倉庫で管理されていたが、2010（平成22）年からは、民間の業者によって管理、保管されている。

2011（平成23）年に発生した東日本大震災での経験から現在は精米して保存するお米の一部を、洗わずに炊ける無洗米にしているんだよ

政府備蓄米の流れ

農家で収穫したお米を、政府（農林水産省）が買い入れて、保存する。

5年間保存

▲玄米の状態で備蓄する。

1年ほど保存

▲無洗米の状態で備蓄する。

保存期間をすぎた備蓄米は、飼料用米などとして販売される。

◀倉庫内の温度や湿度は細かく管理されている（写真左）。また、お米の温度を計るための温度計も設置されている（写真右）。

▲温度（15℃以下）と湿度（60〜65％）を管理しながら、政府備蓄米を保管する低温倉庫。

▶ 2011（平成23）年の東日本大震災後に開発された、保管用の箱型フレキシブルコンテナ（フレコン）バッグ。震災のとき、丸形のフレコンが倉庫の中で倒れたりくずれたりする被害が多かったため、新しく開発された。

● 政府備蓄米を使う

　2011（平成23）年の東日本大震災では、東北地方の多くの農家や倉庫が被害を受け、お米の供給量が減ってしまいました。そのため、お米が市場から足りなくならないように、震災の次の年は政府備蓄米のうち4万tが、お米の卸売業者に販売されました。

　また、2016（平成28）年に熊本地震が起こったときは約86tの備蓄米（無洗米）が熊本に届けられました。

　備蓄米は飼料用米や加工品のほか、ごはん給食を広めるため給食にも使われています。

▲ 2015（平成27）年の台風時には、避難所の体育館に備蓄米を使ったおにぎりなどが配られた。

◀ごはんの給食を広めるために、直近産の政府備蓄米が使われている。決まった条件を満たして申請すれば、給食用のお米を受け取れる。

（写真：板橋区立志村小学校）

お米まめ知識　お米は暑さや湿気に弱く、時間がたつと味や香りが落ちてしまう。でも、15℃以下ならお米が冬眠状態になって、1年以上たっても品質が保たれるといわれているよ。

お米の卸売業者の仕事

わたしたち消費者の目には見えないところで、
卸売業者の人たちがお米の加工や流通の仕事をしています。

お米を集めて卸す

農家で収穫したお米や JA に集められて保管されていたお米の多くは、まず、卸売業者に売りわたされます。卸売業者は、このお米をお米屋さんやスーパーマーケットなどの小売店、弁当を販売する中食業者、レストランなどの外食業者に卸します。

このとき、玄米の状態で入荷したお米を、精米工場で精米して白米にするのも卸売業者の仕事のひとつです。さまざまな銘柄の商品や、2種類以上の品種をまぜたブレンド米（➡5巻 p.10）の商品など、わたしたちがお店でよく見るお米の商品がここで誕生します。

卸売業者は、全国の生産者と消費者をつなぐ役割を担っています。各地の産地からお米を仕入れる一方で、消費者はどんなお米を求めているかを探り、お米が安定して流通するようにしています。

玄米の状態だったお米は
ここで精米されて
白米になるんだね！
精米工場でお米が商品に
なるまでを見てみよう！

精米工場のしくみ

1 検査

産地から運ばれてきた玄米の検査をする。ここでのお米は「原料玄米」とよばれる。成分や水分量、粒の大きさや色などを調べ、合格したものだけが受け入れられる。

▲機械や人の目で玄米の品質をきびしくチェックする。

▲まだ玄米の状態のお米。

2 搬送・異物の除去

検査に合格した玄米は、原料の投入口に投入され、異物などが取りのぞかれながら精米機まで運ばれていく。

▲フレコンバッグ（➡ p.17）で運ばれてきた玄米が投入口に投入される。

▲粗選機にかけられ、異物が取りのぞかれる。

いろいろな
機械を通りながら
お米がだんだん
きれいになっていくよ

お米を生産地から消費地へ

卸売業者によってさまざまな商品になったお米は、出荷されて全国に輸送されます。販売先は、小売店、中食業者、外食業者といろいろです。

卸売業者の人たちは、それぞれの届け先の希望に合う商品が届けられるよう、いろいろとくふうをしています。たとえば、お米は精米すると、玄米のときよりも鮮度が落ちやすくなります。そこで、できるだけ精米したての白米を販売できるよう、全国に拠点となる精米工場をつくり、輸送に時間がかからないようにしています。

このように、卸売業者は生産地の農家やJAと、消費地の小売店、中食業者、外食業者をつなぐ役割を担っています。

こうやって
生産地のお米が
全国に運ばれるんだね

わたしたちのところに
商品が届くまでに
いろいろな人が
関わっているんだよ

---

3 精米

精米機で原料玄米を白米にする。精米機の中でお米どうしがこすれ、種皮が取りのぞかれる。精米したお米は、選別機にかけられ、砕けたお米や異物が取りのぞかれる。

▲精米機の中はお米が回転するようになっていて、米粒と米粒がこすれ合って白くみがきあげられていく。

▲白米になったお米。

4 包装・出荷

白米になったお米を袋につめ、金属などの異物が混入していないか、品質は保たれているかなど最終チェックをして出荷する。

▲機械でお米が袋につめられる。

▲商品に金属などが混入していないか金属探知機を通す。

▶袋づめされたお米が出荷される。

（写真：ミツハシライス）

新しい販売ルート

農家で収穫したお米が店頭にならぶまでには、
いくつかのルートがあります。

● 農家から直接消費者へ

2003（平成15）年にお米の流通が自由化してからは（➡ p.24 〜 25）、農家やＪＡが卸売業者を通さずにお米を販売する場合が増えています。

農家やＪＡが直接売る方法には、インターネット販売や地域の産地直売所での販売などがあります。とくに産地直売所での販売は、農産物などをその農産物が生産された地域で消費する「地産地消」にもつながるため、ＪＡなどで力を入れています。

家族で旅行に行ったとき産地直売所に寄ったら、お米やいろいろな野菜がならんでいたよ

地元でとれた新鮮なお米や野菜が買えるのでとても人気なんだよ

お米を売るくふう 産地直売所でお米を売る

木崎ぐるめ米ランド（埼玉県さいたま市）

「木崎ぐるめ米ランド」は、ＪＡさいたまが運営する産地直売所です。地元でとれたお米や野菜などの農産物と、それらからつくる加工品を取りあつかっています。

産地直送販売のよいところは、地元でつくられた新鮮な農産物を安く販売できるということです。お米は、地域でつくられたものを玄米の状態で保管し、その場で精米して販売しています。

また、産地直売所では、生産者と消費者が直接やりとりできる機会もあり、顔が見えて安心というよさもあります。産地直売所は、地元の人たちのコミュニケーションの場所にもなっています。

（写真：ＪＡさいたま）

▲地元でとれた特別栽培米（➡ 2巻 p.27）のほか、団子や赤飯などの加工品も販売している。

▶玄米で販売されているお米は、好きな量を買うことができ、その場で精米してもらえる。

● 「ごはん」として消費者へ

近年、お米は、炊いたごはんとして消費者に販売することが増えています。市販の弁当など調理されたものを買って家で食べることを「中食」といいます。また、飲食店に出かけて食べることを「外食」といいます。2015（平成27）年の統計によると、1人1か月あたりのお米（精米）の消費量は約4kgで、そのうちの0.7kg（1.8%）を中食・外食でのごはんとして消費しています。

中食や外食用に流通するお米を「業務用米」といい、業務用米として販売され流通するお米は、1年間のお米の流通量のうち平均39%となっています。

農林水産省「米をめぐる状況について 平成28年6月」
「米をめぐる関係資料 令和元年7月」より

知りたい！ 「中食」「外食」で好まれるお米

「中食」「外食」では、いつも安定してお米が得られること、また、味が安定していることが重視されます。また、価格が安いことも重要であるため、人気の品種のほか、いくつかの品種のお米をブレンドしたお米が求められることが多くあります。中食や外食では、「萌えみのり」や「あきだわら」などブレンド米に向く品種や、冷めてもおいしい「ミルキークイーン」などが人気です。

◀お米は「ごはん」として提供されることも多い。

お米を売るくふう　炊いたごはんを販売する

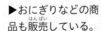
ミツハシライス

ミツハシライスは、1951（昭和26）年に小さな米店として誕生して以来、長年お米に関わり続けている会社です。現在は、約300名の従業員が精米や加工、流通、商品開発などの仕事にたずさわっています。

ミツハシライスでは、精米やお米の加工だけでなく、炊飯事業にも力を入れています。「ごはん屋便」というサービスでは、炊いたごはんやおにぎりなどの加工した商品を、飲食店や料理教室、イベントで使う用に届けています。

（写真：ミツハシライス）

▶おにぎりなどの商品も販売している。

▲すし用に加工された商品「しゃり玉」。すしネタをのせるだけですしができあがる。

▲「ごはん屋便」で届けられるごはん。イベントなどごはんがたくさん必要なときに便利。

お米まめ知識　スーパーマーケットやコンビニエンスストアで売られている冷凍米飯には、冷凍したり解凍したときに味が落ちないよう、アミロースという成分が少ないお米が選ばれることが多いんだって。

お米の値段の決まり方

お米の値段は、だれがどのように決めているのでしょうか。
値段が決まるしくみを見てみましょう。

さまざまな費用がふくまれている

わたしたちがお店で買うお米の値段には、米づくりにかかった費用（➡2巻 p.38）、流通や販売のためにかかった費用など、さまざまな費用がふくまれています。また、生産者、卸売業者、販売業者と、それぞれの人たちが得る利益もふくまれています。お米の値段は、いろいろな人たちが関わるうちにどんどん高くなっていきます。

お米がお店で
売られるまでに
たくさんの人が関わって
いろいろな費用が
ふくまれているんだね

お米の値段にふくまれる費用

米づくりにかかる費用

労働費
農家の人たちの労働を金額に換算した費用。

農業機械代
田植え機など機械を購入したり、修理したりする費用。

農薬・肥料代
イネをじょうぶに育てるために使う農薬や肥料を買う費用。

利益
生産者の利益。

販売にかかる費用

労働費
販売に関わる人たちの労働を金額に換算した費用。

宣伝・広告費
チラシを作成したりインターネットのサイトなどで宣伝する費用。

袋代
お米を入れる袋などをつくる費用。

利益
販売に関わる人たちの利益。

その他
生産者から消費者が直接買うときの輸送費など。

流通にかかる費用

労働費
流通に関わる人たちの労働を金額に換算した費用。

輸送費
お米をトラックや鉄道、フェリーなどで運ぶ費用。

保管費
お米を倉庫などで保管する費用。

利益
卸売業者、販売業者の利益。

お米まめ知識 スーパーマーケットなどで、お米は1kg、5kgなどいろいろな大きさの袋で売られているよ。たとえば1kgのお米は、炊いたときにだいたい茶碗16杯分くらいになるよ。

時期や商品によって値段がちがう理由

お米の値段は商品によっていろいろで、また同じ商品でも時期によってちがうことがあります。その理由のひとつは、「市場価格」が変動するためです。豊作などでお米が多く出回っているときは、比較的お米の値段が安くなります。反対に自然災害などでお米の流通量が少ないと、お米の値段は高くなります。また、特別栽培米（➡2巻p.27）やブランド米（➡4巻p.16～19）など、「付加価値」のついたお米の値段は高めです。「付加価値」とは商品に付け加えられた特別な価値のことです。一方、大規模経営などで効率よく生産した商品（➡2巻p.32～33）やブレンド米（➡5巻p.10）などは値段が安めです。

（➡2巻p.27）（➡4巻p.16～19）（➡2巻p.32～33）（➡5巻p.10）

もっと知りたい！ 「市場」と「市場価格」の変動のしくみ

お米などの商品を売ったり買ったりする取り引きの場のことを「市場」といいます。市場では、「需要」と「供給」の関係によって値段が変化します。「需要」とは必要として求めること、「供給」は商品を市場に出すことです。需要より供給が少ないと、少ない量をたくさんの人が求めるため、値段が高くなります。反対に、需要より供給が多いと、商品があまってしまうため、値段が安くなります。こうして決まる値段を「市場価格」といいます。

お米を売るくふう 付加価値を高めてお米を売る

東洋ライス株式会社

東洋ライスは、精米機やお米の商品を扱う会社で、栄養価が高く食べやすい「金芽ロウカット玄米」などを販売しています。また、2016（平成28）年からは、「世界最高米」事業を推進しています。この事業は、「美味」だけではなく「生命力（人の健康）」という価値を持たせて、お米の需要減などによる生産量の減少に歯止めをかけ、日本のお米の評価を国際的に高めようというものです。また、お米の生産者に夢と希望を持ってもらいたいという思いから始まった取り組みでもあります。今後、大規模な農業経営で安く生産される外国のお米（➡p.42～43）などとの販売競争にも負けない商品となることが期待されています。

（➡p.42～43）

▲「金芽ロウカット玄米」は玄米表面にある防水性の高い「ロウ層」を均等にカットした商品。玄米なのにふっくらもちもち食感で、栄養もたくさんふくまれている。

▶「世界最高米」の原料となるお米の認定式。高品質のお米を高い値段で買い取ることで、農家の人たちを支え、米づくりを守ることにもつながる。

▲「世界最高米」は、2016（平成28）年、もっとも高額なお米（1kgあたり1万1304円）として、ギネス世界記録に認定された。

（写真：東洋ライス株式会社）

お米の流通と食糧制度の歴史

お米は長いあいだ、国内で計画的に安定して供給されるよう、政府が生産や流通・値段を管理していました。

お米の流通を管理する制度の始まり

日本でお米の流通を管理するようになったのは、大正時代のことです。政府は米の値段を安定させようと、1921（大正10）年に「米穀法」を制定しました。以来、時代の移り変わりとともに制度を見直しながら、政府がお米の流通と値段を管理していくことになります。

しかし、1960年代ごろから農作業の機械化や耕地整理によってお米の生産性が高まるにつれ（➡2巻 p.32〜33）、制度と実情が見合わなくなっていきます。そこで、1995（平成7）年の「食糧法」、さらに2004（平成16）年の「新食糧法」によって、じょじょにお米の流通の自由化を進めました。

お米は日本の主食だから、足りなくなったり値段が大きく変わったりして国民や農家の人が困らないよう、政府が管理するようになったんだよ

1921（大正10）年 「米穀法」制定 政府がお米の値段を調整

第一次世界大戦の影響で、お米の値段が不安定になったことをきっかけに制定された。お米の値段を安定させるために、政府がいったん市場のお米を買い入れ、出回る量を調整しながら売りわたした。

1942（昭和17）年 「食糧管理法」制定 政府がお米の流通を管理

第二次世界大戦中（1939〜1945年）、食糧が不足するなか、国民の食糧を確保して安定して供給することを目的としていた。生産されたお米を政府がすべて買い入れ、決まった量を国民に分配する「配給制」が始まった。

▶配給のお米を買うために必要だった「米穀配給通帳（米穀通帳）」。

（写真：戦争と平和の資料館ピースあいち）

1960（昭和35）年 政府が買い入れるお米の値段に生産者の補償がふくまれる

戦後、政府による流通の管理は、国民の食糧を確保しつつ生産者（農家）の所得を守ることが重視されるようになる。1960（昭和35）年には、政府が生産者から買い入れる米の値段の決め方に、生産者の所得を補償する内容が盛りこまれた。

政府は、生産者が米づくりを続けていけるように、また、消費者が安定した品質や値段のお米を得られるようにしたんだね

お米まめ知識

「食料」と「食糧」はどちらも食べもののことをさしているけれど、少し意味がちがうよ。「食料」は食べもの全般、「食糧」は食べもののなかでもお米や麦など主食となる穀物を意味しているよ。

1969 (昭和44)年 「自主流通米」制度の開始 政府を通さない流通ルートができた

政府は流通ルートを見直し、政府が買い入れて管理する「政府米」のほかに、一部のお米を「自主流通米」として政府を通さずに指定の集荷業者や卸売業者を通して流通するようにした。

1982 (昭和57)年 「改正食糧管理法」施行 食糧管理法が全面的に見直された

配給制が廃止になり、流通ルートが改めてととのえられた。自主流通米は、農林水産大臣が指定した集荷業者が集め、都道府県知事の許可を得た販売業者が販売し、政府が流通の状況を把握できるようにした。値段は、政府が上限と下限を決め、集荷業者や卸売業者、販売業者の入札によって決められた。

1995 (平成7)年 「食糧法」施行 政府による流通の規制が緩和された

政府米と自主流通米を「計画流通米」として、引き続き政府が流通全体を管理した。しかし、民間が主体で管理・調整をおこなう自主流通米に重点がおかれ、その年のお米のできや品質によって値段のめやすを決める「自主流通米価格形成センター」が設置された。また、生産者が直接販売する「計画外流通米」がみとめられた。

※「食糧法」は正式には、「主要食糧の需給及び価格の安定に関する法律」という。

自主流通米の流通量はだんだん増えていって1998(平成10)年以降は主食となるお米の約8割をしめるようになったよ

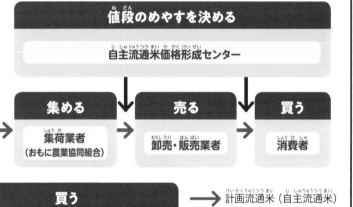

たくわえる 政府

値段のめやすを決める 自主流通米価格形成センター

つくる 生産者（農家）
集める 集荷業者（おもに農業協同組合）
売る 卸売・販売業者
買う 消費者

買う 消費者 「縁故米」や「贈答米」などとよばれ、農家には数量の届出が義務づけられていた。

→ 計画流通米（自主流通米）
→ 計画流通米（政府米）
⋯▶ 計画外流通米

2004 (平成16)年から 「新食糧法」施行 お米の流通がほぼ自由化した

計画流通米と計画外流通米の区別がなくなり、政府米以外はすべて「民間流通米」とよばれるようになった。政府は、「TPP（環太平洋パートナーシップ協定）」（→p.43）によるお米の輸入の自由化を見すえて、農家や販売業者のよく売れるお米をつくる取り組みや販売競争に勝つくふうを支援していくことになった。

※その後、自主流通米価格形成センターは、「米穀価格形成センター」に名前が変わったが、2011（平成23）年に廃止された。
※2013（平成25）年、生産調整（減反政策）を2018（平成30）年に廃止されることが決められた。

1995（平成7）年の「食糧法」から「管理」ということばがなくなったんだね

だんだん政府による規制が緩和されて自由にお米を売ったり値段を決めたりできるようになったんだね

商品情報を伝えるしくみ

お米などの商品は、食品表示法や米トレーサビリティ法によって、産地などがわかるようにする決まりになっています。

◯ 米袋にはいろいろな情報がつまっている

スーパーマーケットなどで売られているお米の商品の袋を見ると、必ず産地などの情報が表示されています。この表示は、「食品表示法」という法律にもとづき商品を販売する人に義務付けられているもので、消費者が商品を選びやすく、また、安心して買えるようにするためのものです。

また、米袋には、銘柄や栽培方法などが示されているものもあります。これらは必ず示す決まりではありませんが、消費者に商品の情報を伝える役割をしています。

お米がどこで
どんなふうに
つくられたかがわかれば、
選ぶときの
めやすになるんだね

販売するほうは
みんなに安心して
買ってもらえるように、
いろいろな情報を
のせているよ

米袋に示されている情報

銘柄
銘柄によって味などの特ちょうや値段がちがうので、選ぶときのめやすになる。

栽培方法
「特別栽培米」「有機栽培米」（➡ 2巻 p.27）などの表示がある。農薬や化学肥料の使い方など、どのように米づくりをしたかがわかる。

有機JASマーク
イネの栽培や土づくりに化学肥料や農薬を使っていないことを国が認めたマーク。

（写真：金沢加賀百万石ほんだ農場）

生産者や田んぼの写真
だれが、どんなところで生産したのかがわかると、消費者に安心してもらいやすい。

表示
「食品表示法」によって、❶名称、❷原料玄米の情報、❸内容量、❹精米時期、❺販売業者の氏名または名称、住所、電話番号の表示が義務付けられている。

❶「精米」または「うるち精米」、「もち精米」の名称。
❷原料となっている玄米の産地、品種、産年。産地、品種、産年が同じ場合は「単一原料米」とする。複数の原料玄米を使用している場合は、「複数原料米」としてすべての産地、品種、産年を記載する。
❸1kg、5kg、10kgなどお米の重量。
❹原料玄米を精米した年月日、または年月旬（上旬、下旬など）。精米年月日のちがうものをまぜた場合は、もっとも古いものの年月日、または年月旬（上旬、下旬など）。
❺販売者の氏名または名称、住所、電話番号。

	名称	精米		
		産地	品種	産年
❷	原料玄米	単一原料米 ○○県	○○ ひかり	○○年産
❸	内容量	○kg		
❹	精米時期	○○.○○.○○		
❺	販売者	株式会社○○農場 ○○県○○市○○町○ - ○ 電話番号 ○○○（○○○）○○○○		

生産・流通の記録をさかのぼれる「トレーサビリティ」

「トレーサビリティ」は「追跡可能性」という意味で、お米やお米の加工食品の生産から加工・販売までの各段階の記録を作成・保存し、さかのぼって確認できるようにするシステムです。このシステムによって、生産者から消費者まで情報を伝達できるとともに、何か問題が生じたとき、どの段階で問題が発生したのかすばやく特定することができます。

2010（平成22）年からは、「米トレーサビリティ法」にもとづき、対象となる品目の生産から販売、輸入、加工、製造または提供をおこなうすべての業者に、取り引きの記録を作成・保存することが義務付けられ、翌年からは産地情報の伝達も義務付けられています。

※「米トレーサビリティ法」は、正式には「米穀等の取引等に係る情報の記録及び産地情報の伝達に関する法律」という。

トレーサビリティの対象となる米穀の品目

米穀	もみ、玄米、精米・砕米
主要な食糧にあたるもの	米粉、米粉調整品、米穀をひき割りにしたもの、米菓生地、米こうじなど
米飯類	おにぎり、赤飯、おこわ、米飯を調理したもの、包装米飯、乾燥米飯など（すべて冷凍食品、レトルト食品、缶詰をふくむ）
お米の加工食品	もち、団子、米菓、清酒、みりんなど

流通する
あらゆるものが
対象となっているよ

トレーサビリティのしくみ

商品の流通に関わるすべての人や業者が、下にあげた項目について記録・保存する。

1 品名
2 産地
3 数量
4 年月日
5 取引先名
6 搬出した場所
7 用途を限定する場合にはその用途など

消費者

生産者
↓
流通業者
↓
加工品・製造業者
↓
小売・販売業者
↓
外食産業

トレーサビリティのくふう
トレースバックシステムで米トレーサビリティ法に対応

ミツハシライス

お米やお米の加工品の製造・販売をおこなうミツハシライスでは、精米の工程で「トレースバックシステム」を取り入れています。トレースバックシステムは、商品に使用した原料玄米や製造工程の情報をデータ化して番号で管理し、商品に印字するシステムです。番号を入力することで、その商品の原料入荷から販売までの履歴をすぐに確認することができます。

◀番号が入力されたバーコードを読み取れば、すばやく履歴がわかる。

（写真：ミツハシライス）

お米まめ知識　「米トレーサビリティ法」は、2000（平成12）年ごろから、産地を偽装したり、安全性に問題がある商品が不正に流通したりした事件が起きたことをきっかけに定められたよ。

消費者にお米を販売する

お米の販売をおこなっているのは、おもにお米屋さんなどの小売店です。 最近はインターネット販売も増えています。

店頭やインターネットでお米を販売

消費者にお米を販売するのは、おもにお米屋さんやスーパーマーケット、コンビニエンスストアなどの小売店です。2004（平成16）年に「新食糧法」が施行され、お米の流通が自由化するまでは、お米を販売するためには都道府県知事の許可が必要でした（➡ p.25）。しかし、今は届出を

すればお米を販売することができます。そのため、みやげ店や雑貨店などでお米を販売しているところもあります。また、農家やJA、卸売業者が消費者に直接お米を販売することも増えています。それぞれ、店頭で販売するだけではなくインターネット販売もおこない、消費者はお店に足を運ばなくても欲しいお米を買えるようになっています。

昔はお米屋さんからでないと、お米が買えなかったんだよ

お米を売るくふう 「お米マイスター」の活躍

一般財団法人日本米穀商連合会では、お米に関する専門的な経験を積み、幅広い知識を持った人を「お米マイスター」に認定しています。

幅広い知識と経験を生かしてお米やごはんの魅力を伝える

お米マイスターの役割は、消費者にお米やごはんのさまざまな魅力を伝えることです。学校に出向いて特別授業をすることもあります。また、産地や品質などお米選びのアドバイスをしたり、保管方法やおいしいごはんの炊き方、調理方法を教えたりもします。

お米マイスターになるためには、「米穀小売業（お米屋さんなど）に5年以上従事している」といった条件を満たしていなくては

なりません。筆記試験を受けて合格すると、まずは「三ツ星お米マイスター」になり、さらに実技試験を受けて合格すると「五ツ星お米マイスター」になることができます。お米マイスターは、米づくりやごはん文化を多くの人たちに知ってもらい、未来へと受け継いでいくことをめざしています。

◀「五ツ星お米マイスター」と「三ツ星お米マイスター」の認定マーク。

激しくなった販売競争

さまざまな人たちがお米を販売するようになり、今、国内ではお米の販売競争がはげしくなっています。それに加え、今後は外国のお米の輸入が増える可能性もあります（➡ p.43）。こうした状況のなか、お米を販売する人たちには、ほかとの商品の差別化や販売方法のくふうが求められています。

たとえば、インターネットで販売すると、流通にかかる費用が省けるため、同じお米でも値段を安くすることができます（➡ p.22）。反対に、商品にほかとはちがう付加価値を付ければ、値段が高くても買ってもらえます（➡ p.23）。また、消費者が欲しいと思うものをよく見極めて商品

にすることも必要です。家族ならば量の多い商品を買いますが、ひとりぐらしの人などのなかには、少なくて食べきれる量のほうがよいという人もいます。このように、さまざまなくふうをしないと販売競争に勝てない時代になったのです。

みんなにもっと
商品のよさを
知ってもらうために、
ホームページや
チラシをつくって
宣伝したらどうかな？

生産者と消費者を結びつける

五ツ星お米マイスター 西島豊造さん
（東京都目黒区）

西島豊造さんは、東京で米専門店「スズノブ」を営む五ツ星お米マイスターです。お米を販売するだけでなく、全国各地のお米のブランド化（➡ 4 巻 p.16）の監修やアドバイザーもしています。

西島さんは、消費者に対面でお米を販売できることがお米屋さんの強みだと考えています。そして、生産者から直接お米を仕入れているからこそ得られる情報を、消費者にきめ細やかに伝えることがお米マイスターの役割だと考えています。反対に、消費者の声は生産者に伝え、米づくりに生かせるようにしています。

◀西島さんが監修をしてブランド化した「JA 高知県四万十厳選にこまる」。

（写真：JA 高知県四万十支所）

▼「スズノブ」での西島さん。店内には、全国各地で生産された 66 銘柄が置かれ、そのなかには一般的にはあまり販売されていないお米もふくまれている。

お米を売るくふう 新しいお米の販売のスタイル

お米を生産する人や販売する人のくふうによって、これまでにないさまざまな商品や販売のスタイルが生まれています。

お米の可能性を広げるさまざまなアイデア

以前は、お米を販売するのはおもにお米屋さんやスーパーマーケットなどでしたが、現在は、農家の人たちや、お米に限らず企画・販売をする会社、メーカーなど、さまざまな人たちが販売にたずさわっています。

それまでお米が専門の仕事ではなかった人たちをはじめ多くの人が協力すると、新しい視点が加わり、いろいろなアイデアが生まれるというよさがあります。こうしたアイデアが集まってかたちになり、お米の可能性を広げています。

いろいろな品種の
食べくらべができたり
パッケージが
くふうされていたり
さまざまな商品があるよ

ごはんのあるくらしを提案する

AKOMEYA TOKYO

AKOMEYA TOKYO は、東京を中心に全国に数店舗を持つお米屋さんです。毎日の食事の時間を楽しく、そしてくらしを豊かにという思いから、お米だけでなく調味料や食材、くらしに役立つ雑貨も取りあつかい、レストランでは料理も提供しています。

お米の商品は、できるだけ新鮮なものを新鮮なうちに食べきれるよう、少量を真空パックにして販売しています。また、粒の大きさやかたさ、味がちがうお米を食べくらべて、好きなお米を見つけてほしいと、いつも全国のお米 20 品種前後をそろえています。お米ははかり売りもしていて、分つき米（➡ 5 巻 p.11）や白米などお客さんの好みに合わせてその場で精米し、特ちょうやおいしい食べ方のアドバイスもしています。

▲3合（450 g）を真空パックにしたお米の商品。

▶お米のはかり売りコーナー。外国人が多く住む地域にあるお店では外国人の店員さんが対応し、日本のお米の魅力を教えてくれる。

◀ごはんとおかずを提供しているお店もある。

◀玄米、分つき米、白米の見本。

（写真：AKOMEYA TOKYO）

能登輪島の風情が感じられる 「能登輪島物語」

株式会社百笑の暮らし（石川県輪島市）

百笑の暮らしが販売している「能登輪島物語」は、能登輪島を旅するようにその土地の風景や伝統が感じられる商品です。地元でとれたお米から9つを五ツ星お米マイスター（➡ p.28）が厳選し、それぞれのお米の個性に合わせて、能登輪島の名所や祭りにちなんだネーミングとパッケージのデザインがされています。

▲9つの商品からなる「能登輪島物語」。たとえば「キリコ祭り米」は、米粒がやや大きく、飲みこむときに風味が残る「能登ひかり」を使った商品。巨大な灯篭を担いでまちを練り歩く能登の祭り「キリコ祭り」と結びつけている。

（写真：株式会社百笑の暮らし）

もっと知りたい！ 「ふるさと納税」を活用する

「ふるさと納税」は、自分が応援したい自治体に寄附をするしくみです。寄附をする人は、生まれ育った「ふるさと」にかぎらず自分が寄附をしたい自治体を選ぶことができ、寄附をすると、返礼品（お礼の品）として特産品などがもらえることもあり、利用者が増えています。一方、寄附を受けた側の自治体は、集まった寄附金を地域のために使うことができます。

ふるさと納税は、農家やお米の商品を販売する人たちにとって、自分たちのお米の商品の魅力を多くの人に知ってもらうチャンスです。これをきっかけに全国の消費者との結びつきが生まれ、また地域全体の活性化につながる可能性もあります。

▲お米は人気の高い返礼品のひとつ。ふるさと納税のサイトで特集が組まれることもある。

（写真：ふるさと納税サイト「さとふる」より）

米づくりの6次産業化

米づくり農家をはじめ、農業にたずさわる人たちが
加工・販売までおこなうことを「6次産業化」といいます。

● さまざまな産業を結びつけて一体化する

さまざまな産業を大きく3つに分けるとき、農林水産業（農業・林業・水産業）は「第1次産業」、工業、製造業などは「第2次産業」、小売業、サービス業などは「第3次産業」といいます。米づくりをはじめ第1次産業は、生活に欠かせない食料や材料をつくり出し、あらゆる産業の基盤になります。しかし、農村や漁村などで小規模でおこなっている場合が多く、収入が低く続けていきにくいという問題があります。

そこで、第1次産業にたずさわる人たちが、生産だけでなく加工や流通・販売も一体化しておこなう「6次産業化」が進んでいます。6次産業化が進めば、お米など生産したものの付加価値を高めて農家の収入を増やせるだけでなく、さまざまな人たちが働く場をつくり出したり、地域の活性化にも役立つというよさがあります。

※それぞれの産業をかけあわせること（1×2×3）から「6次産業化」とよぶ。

農家の人が6次産業化を進めやすいよう地域には「6次産業化サポートセンター」があり「6次産業化プランナー」という専門家もいるよ！

米づくり農家の6次産業化

つくったお米を加工して商品にしよう

お米やお米の加工品を自分たちで販売しよう

きほんは米づくり
第1次産業 生産

×

第2次産業 加工

×

第3次産業 流通・販売

6次産業化

米づくりの付加価値を高め農家の収入を増やす

いろいろな人が働ける場をつくり出す

地域を活性化する

お米まめ知識　「6次産業化」は東京大学名誉教授の今村奈良臣先生が最初に使ったことばだよ。今村先生は、1992（平成4）年に「1＋2＋3＝6」という発想からこのことばを考え出し、それを「1×2×3＝6」に発展させたよ。

6次産業化のくふう 米づくりから販売まで

米づくり農家の人たちの6次産業化にはどんなものがあるのか
いろいろな例を見てみましょう。

さまざまなくふうと努力が必要

　それまで、おもに米づくりをしていた農家の人たちが、加工や販売を始めるのは大変なことです。「どう加工すればよいか」「どうしたら売れる商品になるか」というようなことを考え、計画を立てなくてはなりません。農家の人たちはさまざまなくふうと努力を積み重ね、6次産業化を進めています。

いろいろな商品があるなかで
売れる商品をつくるのは
とても大変そうだね

ほかの商品とはちがう
個性を打ち出して、
じょうずにPR
できるといいね

お米とみそなどの加工品を
月1回のイベントで販売

大嶋農場（茨城県筑西市）

　大嶋農場では、約27ha の田んぼで「コシヒカリ」や低アミロース米の「ミルキークイーン」、低グルテリン米（タンパク質の量が少ない）の「LGC ソフト」など 50 品種以上のお米を生産しています。

　大嶋農場のこだわりは、農薬をできるだけ使わず、味を向上させるために沖縄産の天然塩や国産のはちみつ、かつお節エキスを田んぼに散布していることです。こうしてつくられたお米は、「百笑米」として販売されています。また、加工用のお米も生産してみそや塩糀などをつくり、月に 1 回、東京農業大学「食と農の博物館」で販売しています。

▲有機栽培の認定を
受けた田んぼで生産
したお米の商品。

▲雑穀米や低グルテリン米
の商品。

▶2〜3年ねか
せてつくるみそ。

▶有機栽培米と
海水天日塩でつ
くった糀。

▲▶「食と農の博物館」での販売では、
「百笑米」のほか、黒米や赤米、カレー
用やすし用につくられたお米など、め
ずらしいお米もならぶ。

（写真：大嶋農場）

33

地域の特色を生かし
魅力的な商品を生み出す

株式会社六星（石川県白山市）

六星はお米の生産、加工、販売をおこなう会社です。6次産業化をスムーズに進めるために、ライスセンター、精米所、もちや惣菜をつくる工場、店舗も運営しています。

六星のある石川県白山市は、古くから「加賀」とよばれ、自然豊かで伝統が息づく地域です。さまざまな商品からは加賀の自然の美しさや伝統が感じられ、六星ならではの魅力になっています。

▲加賀で昔からお正月に食べられている紅白もち。

▲いくつかの店舗のうち、和菓子を専門にあつかう「すゞめ」。

▲「食べてみなさまが幸福になりますように」という願いをこめて「お福分け」と名づけられた商品。小袋にお米やもち、おかきなどがつめられている。

（写真：株式会社六星）

ブランド米をさまざまな加工品に

株式会社大潟村あきたこまち生産者協会
（秋田県南秋田郡）

大潟村あきたこまち生産者協会が米づくりをおこなっている秋田県の大潟村は、ブランド米「あきたこまち」の有名な産地です。1988（昭和63）年に農家が集まってできたこの協会は、従業員約150名の会社へと成長し、あきたこまちを使ったお米の加工品の開発に取り組んでいます。商品には一般用と業務用があり、甘酒からグルテンフリー（➡5巻 p.40）のパスタ、非常食セットまでさまざまです。

◀主力商品のお米「あきたこまち」。

▲小麦アレルギーの人でも安心して食べられる、グルテンフリーのスパゲティ。

▲大潟村産のあきたこまちでつくった秋田県オリジナル糀「あめこうじ」の甘酒。

▲食味値の測定や細菌検査、食物アレルゲン検査などの設備を備え、徹底した品質管理をおこなっている。

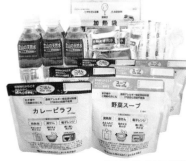

◀ピラフ、おかゆなどのレトルトごはんとスープや水などをセットにした非常食。火を使わなくても食品を加熱できる発熱剤やスプーン、ウェットティッシュも入っている。

（写真：株式会社大潟村あきたこまち生産者協会）

米づくりと医療を結びつける

株式会社さとに医食同源（鳥取県鳥取市）

　さとに医食同源では、農業、弁当の仕出し、古民家レストランの運営などを通して、地域の活性化とみんなが安心してくらせる村づくりをめざしています。なかでも力を入れて取り組んでいるのが、低グルテリン米の生産と、そのお米を使ってつくる弁当の仕出しです。低グルテリン米はタンパク質（グルテリン）が少なく腎臓への負担が減らせるため、腎臓病の人や健康を気づかう人の食事に向いています。さとに医食同源では、「春陽」と「LGCソフト」というふたつの低グルテリン米をブレンドした「さとに米千両」を、弁当のごはんに使用しています。

▲「からだを気づかい健やかな食生活を求める人たちに親しんでほしい」と、低グルテリン米を生産している。

◀ふたつの低グルテリン米をブレンドした「さとに米千両」。

◀古民家レストランはみんなが集える場所。地元の食材を使った健康的な料理が食べられる。

▲「さとに米千両」を使った弁当。地元の病院の患者さんを中心に提供している。

（写真：株式会社さとに医食同源）

📣 ほかにもいろいろ！ 📣

　お米とさまざまな産業を結びつける6次産業化によって、新しい産業のかたちが生まれようとしています。食品だけでなくエネルギーをつくり出したり、流通・販売を海外にまで広げたり、さまざまな可能性が考えられます。

6次産業化にすごく興味がわいてきたよ！みんなでどんな6次産業化があるか調べてみよう！

お米で自然エネルギーをつくり出す

お米を原料とするバイオエタノールが製造されるようになっている。実用化が進めば、現在使われている石油などに代わるエネルギー源になる。

6次産業化を海外にまで広げる

国内だけでなく、海外に向けた商品開発もいろいろな可能性がある。海外の人に好まれる商品ができれば、お米の消費量が増え農業をより発展させることができる。

日本は外国から お米を輸入しているの？

ミニマムアクセス米ってどんなお米のこと？

全国各地の新米がそろいました

お米って全国でつくっているんだなぁ

お米は100%近く国内でつくられているんだ

へぇ〜、そうなんだ！じゃあ、お米は輸入をしなくてもいいんだね

それがねダイチくん

そうもいかないんだよ

えっどうして？

日本は以前は輸入されるお米に「関税」という高い税金をかけて

外国のお米ができるだけ入ってこないようにしていたよ

国内のお米はじゅうぶんにあってあまっているくらいだ

関税

RICE

36

でもアメリカなどの
外国の国ぐには
日本にお米を輸出することを
望んでいたんだ

日本にお米を輸出したい！

そこで日本は世界の国ぐにと話し合いをして
1995（平成7）年から一定量のお米を
輸入することにしたよ

世界の国ぐにと
仲よくしなくちゃ

このお米のことを
「ミニマムアクセス米」というよ

最低限の量のお米を
義務的に輸入する
という意味なんだ

IMPORT

ミニマムアクセス米は
国内の米づくりに影響をおよぼさないよう

今は流通や使いみちを
政府が管理しているよ

でも今後、もっとたくさんのお米が
輸入されるようになるかもしれないんだ

お米がたくさん
輸入されるようになると
どうなるんだろう…

よいことも
よくないこともあるよ

いろいろな立場から
みんなで考えてみる
必要があるね

日本の食料生産

わたしたち日本人が毎日食べている食べものの多くは、
外国でつくられ、日本に輸入されています。

 ## 食料を輸入にたよる日本

日本では、自分たちで食べるお米の97％を日本で生産しています。一方、小麦は12％、大豆は7％です。このように、その国の人たちが食べる食料をどれだけ自国で生産できているかをあらわしたものを「食料自給率」といいます。

日本は多くの食料を輸入にたよっています。右のグラフでは、肉類や卵、牛乳・乳製品は、自給率がそれほど低くないようにも見えますが、それらの食料のもとになる牛や豚、にわとりの飼料（えさ）のほとんどが輸入されています。もし、それらの飼料が輸入できなくなったら、肉類や卵の自給率は下がってしまいます（グラフの濃い色の部分）。

 ## 食料を輸入することのよい面と問題点

いろいろな食料が輸入されると、消費者としては、食生活が豊かになったり、日本産のものより安い値段で買えるものがあったりというよさがあります。しかし、もし、輸入先の国が経済的な事情や凶作などで日本に輸出ができなくなったとき、ふだん食べているものが確保できなくなってしまうという問題が起こります。その一方で、生産者の立場で考えてみると、外国からさまざまな食料が入ってくると、競争がはげしくなります。なかには、生産物が売れなくなり、農業が続けられなくなる人も出てくるかもしれません。

日本の品目別食料自給率

※品目ごとに、国内の消費量のうちどれくらいを国内で生産したかを重量から算出したもの。肉類、卵、牛乳・乳製品の（　）内は、ほとんど輸入されている飼料が仮に輸入されない場合を考慮した値。

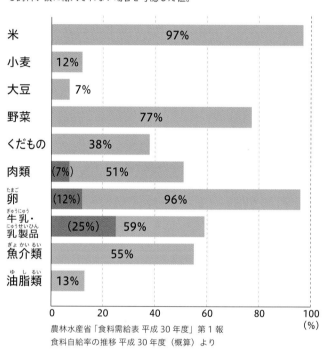

品目	自給率
米	97%
小麦	12%
大豆	7%
野菜	77%
くだもの	38%
肉類	(7%) 51%
卵	(12%) 96%
牛乳・乳製品	(25%) 59%
魚介類	55%
油脂類	13%

農林水産省「食料需給表 平成30年度」第1報
食料自給率の推移 平成30年度（概算）より

もっと知りたい！　食料自給率の種類

食料自給率には、何の数値を「ものさし」にするかによっておもに3種類の計算のしかたがあります。「カロリーベース」は、ひとりが1日にとるカロリーのうち、国産の食品がどれくらいを占めるかをあらわす方法です。「生産額ベース」は、食品の生産量を金額に換算して食料自給率を計算する方法です。そして「重量ベース」は、国内での生産量と輸入量を重さで計り、割合を計算する方法です。

食生活の変化と お米の消費量の低下

日本の食料自給率は、もともと低かったわけではありません。1961（昭和36）年には78％（カロリーベース）でした。このころ日本の食事はお米が中心で、近くの畑でとれた野菜や近海の魚などを調理して食べていたからです。

しかし、食生活が変化し、小麦を使ったパンやパスタ、肉類、料理に使う油などの輸入された食材の消費量が増える一方で、自給できるお米はだんだん食べられなくなっていきました。ひとりが1日に食べる食べものの割合で見ると、1960（昭和35）年にはお米を48.3％食べていたところが、2015（平成27）年には22.1％に減りました。

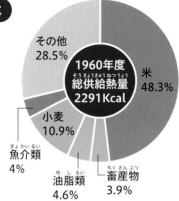

1960年ごろの食事

その他 28.5%
1960年度 総供給熱量 2291Kcal
米 48.3%
小麦 10.9%
魚介類 4%
油脂類 4.6%
畜産物 3.9%

▲ほとんど国産の食材を使っていた。

現在の食事

その他 28.3%
2017年度 総供給熱量 2445Kcal
米 21.7%
畜産物 17.4%
小麦 13.6%
油脂類 15%
魚介類 3.8%

▲輸入した食材でつくるものが多い。

農林水産省「平成30年度 食料需給表」より

国内の食料生産を 発展させるために

今後、食料を輸入にたよらずに安定して確保し、食料自給率を上げていくためには、国内の食料生産を発展させなくてはなりません。その対策として、国や生産者は、農産物の生産性を高める

くふうをしたり、食の安全や安心に対する取り組みを進めたりしています。

しかし、この問題は簡単に解決することではありません。わたしたち消費者の一人ひとりが、食料自給率を上げるためにできることを考え、実行していくことも大切です。

わたしたちにできることは どんなことかな？

みんなで 考えてみよう！

「旬」のものや 地元のものを食べる

本来その農産物がとれる「旬」の時季や、地元で生産されたものを積極的に食べる「地産地消」が、食料生産性を高めることにつながる。

バランスよく食べ 食べ残しを減らす

わたしたちがお米や野菜をバランスよく食べ、食べ残しを減らすことが、国内の農業の活性化につながり、「食品ロス」も減らせる。

取り組みを調べて 応援する

わたしたち一人ひとりが、食料生産に関わる人たちの取り組みについて関心を持って調べ、小さなことでもできることで応援する。

お米 まめ知識　今、食べ残しや売れ残った食品が廃棄される「食品ロス」が問題になっている。日本では、年間600万t以上、1日で大型トラック約1700台分もの食品が捨てられているというよ。

世界の米づくりと輸出・輸入

アジアの多くの国ぐにで、お米を主食として米づくりをしています。
世界の米づくりや輸出・輸入を見てみましょう。

◯ お米はアジアを中心に生産されている

　中国、インド、インドネシア、バングラデシュ、ベトナム、タイなど、アジアの多くの国ぐにの主食（➡1巻 p.6〜7）は、日本と同じお米です。これらの国ぐにには米づくりに合った気候で、昔から米づくりがさかんでした。国によってつくるお米の種類やつくり方は少しちがいますが、おいしいお米をたくさんつくりたいという思いはいっしょです。現在、世界のお米の年間総生産量は約5億tですが、その90%をアジアの国ぐにがしめています。このほか、アメリカ合衆国やブラジル、ヨーロッパのスペインやイタリアなどでもお米がつくられています。

世界の国ぐにの米づくり

■ 生産量トップ10の国
■ それに続く国

中国
世界一のお米の生産国。輸入量も世界一多い。

韓国

日本

パキスタン　**ミャンマー**

フィリピン

インド
インディカ米を生産。世界のお米の輸出量の約4分の1をしめる世界一の輸出国。

バングラデシュ

エジプト

カンボジア

ナイジェリア

インドネシア

世界のお米の生産量

USDA アメリカ合衆国農務省　PS&D Online「World Rice Production, Consumption, and Stocks　2018/2019」より

（万t）

世界の総生産量 約5億t

国	生産量（万t）
中国	14849
インド	11642
インドネシア	3670
バングラデシュ	3500
ベトナム	2792
タイ	2034
ミャンマー	1318
フィリピン	1173
日本	766
パキスタン	740
ブラジル	714
アメリカ合衆国	711
カンボジア	563
ナイジェリア	479
韓国	387
エジプト	280

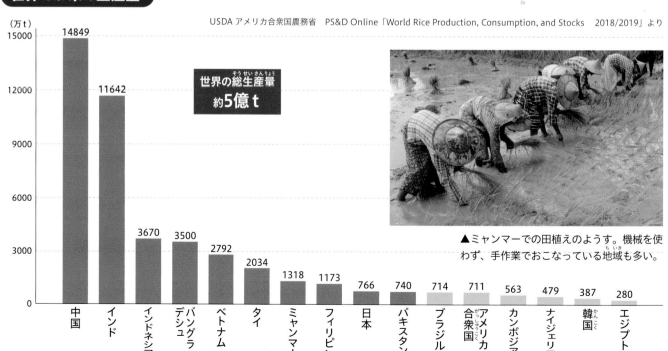

▲ミャンマーでの田植えのようす。機械を使わず、手作業でおこなっている地域も多い。

▶アメリカ合衆国の米づくりは大規模で、1生産者あたりの平均耕作面積は160haで、日本（約3ha）の50倍以上にもなる。

アメリカ合衆国

アーカンソー州、カリフォルニア州などで生産されている。生産量の約50％が輸出される。日本に輸出するためにジャポニカ米も栽培している。

タイ

インドにぬかれる以前は、長いあいだ世界一のお米の輸出国だった。日本への輸出も多い。

ベトナム

世界第3位の輸出国。値段がタイ米より安い。日本にも輸出している。

ブラジル

陸稲（畑で育つイネ）が栽培されている地域と、水稲（田んぼで育つイネ）が栽培されている地域がある。

お米の輸出国でもあるアジアの国ぐに

　世界では、毎年約5億tのお米が生産され、そのうち約4600万tが輸出入されています。お米の生産量が多いアジアの国ぐにには、おもな輸出国にもなっています。世界最大のお米の生産国である中国は、輸出と同じくらいの量を輸入もしています。

　世界で食べられているお米には、大きく分けて、日本でふだん食べられている「ジャポニカ米」とタイ料理などで使われる「インディカ米」がありますが（➡1巻p.10〜11）、輸出、輸入がおこなわれているのは、ほとんどがインディカ米です。

世界のお米の輸出・輸入

※四捨五入のため、合計と内訳の％は一致しない。

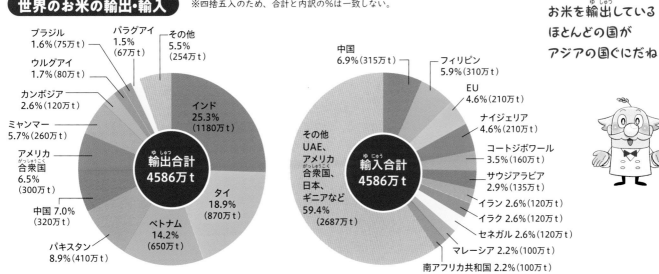

輸出合計 4586万t

- ブラジル 1.6%（75万t）
- パラグアイ 1.5%（67万t）
- その他 5.5%（254万t）
- ウルグアイ 1.7%（80万t）
- カンボジア 2.6%（120万t）
- ミャンマー 5.7%（260万t）
- アメリカ合衆国 6.5%（300万t）
- 中国 7.0%（320万t）
- パキスタン 8.9%（410万t）
- インド 25.3%（1180万t）
- タイ 18.9%（870万t）
- ベトナム 14.2%（650万t）

輸入合計 4586万t

- 中国 6.9%（315万t）
- フィリピン 5.9%（310万t）
- EU 4.6%（210万t）
- ナイジェリア 4.6%（210万t）
- コートジボワール 3.5%（160万t）
- サウジアラビア 2.9%（135万t）
- イラン 2.6%（120万t）
- イラク 2.6%（120万t）
- セネガル 2.6%（120万t）
- マレーシア 2.2%（100万t）
- 南アフリカ共和国 2.2%（100万t）
- その他 UAE、アメリカ合衆国、日本、ギニアなど 59.4%（2687万t）

お米を輸出しているほとんどの国がアジアの国ぐにだね

USDA アメリカ合衆国農務省　PS&D Online「World Rice Production, Consumption, and Stocks　2018/2019」より

お米まめ知識　アメリカ合衆国での米づくりは種もみをまくときに飛行機を使うこともあるよ。広大な田んぼでの米づくりならではだね。効率よくたくさん生産することで、お米の値段を安くできるんだ。

お米の輸入の自由化

日本は、以前はお米の輸入をほとんどしていませんでしたが、1995（平成7）年から決まった量のお米を輸入するようになりました。

日本が輸入する「ミニマムアクセス米」

日本にお米を輸入するのには、高い関税（輸入品に課せられる税金）がかかります。そのため、1995（平成7）年より前は、ほとんどお米は輸入されていませんでした。このころ日本では、お米の生産量が消費量を上回り、お米があまらないよう生産調整（減反政策）がおこなわれていました。そんなところに外国のお米が入ってきては困ると、日本の政府は国内の米づくりを守る高い関税をかけていたのです。

しかし、世界では、輸入品に関税をかけずに自由に貿易をおこなう「自由化」が進んでいました。そこで日本は、1995年から「ミニマムアクセス米」という関税がかからないお米を一定量輸入することにしました。以降、1995年の42.6万tから始まり、2000（平成12）年以降は76.7万t（2007年は69.6万t）が輸入されています。

輸入米の値段のしくみ

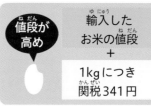

値段が高め 輸入したお米の値段 ＋ 1kgにつき関税341円
ふつうの輸入米

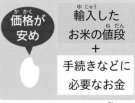

価格が安め 輸入したお米の値段 ＋ 手続きなどに必要なお金
ミニマムアクセス米

ミニマムアクセス米の輸入量の推移

※各年度の輸入契約数量の玄米での推移。

■アメリカ ■タイ ■中国 ■オーストラリア ■その他

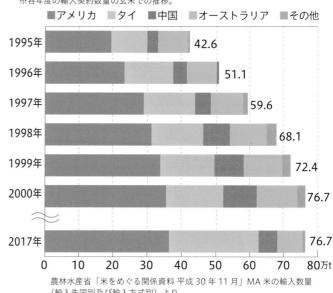

年	輸入量（万t）
1995年	42.6
1996年	51.1
1997年	59.6
1998年	68.1
1999年	72.4
2000年	76.7
2017年	76.7

農林水産省「米をめぐる関係資料 平成30年11月」MA米の輸入数量（輸入先国別及び輸入方式別）より

ミニマムアクセス米の生産から使用まで

ミニマムアクセス米は、国内の米づくりに影響をおよぼさないよう、政府が買い上げて管理し、おもに加工用や飼料用に販売されている。

生産 外国の農家がお米をつくる。

輸入 国と契約した輸入業者が輸入する。

買い入れ 国がすべてのお米を買い入れる。

販売 国が加工業者、飼料業者などに売る。

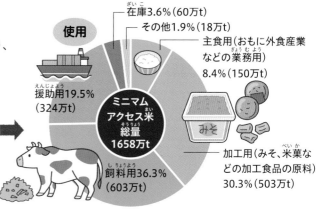

使用

ミニマムアクセス米 総量 1658万t

在庫3.6%（60万t）
その他1.9%（18万t）
主食用（おもに外食産業などの業務用）8.4%（150万t）
加工用（みそ、米菓などの加工食品の原料）30.3%（503万t）
飼料用36.3%（603万t）
援助用19.5%（324万t）

※1995年4月〜2018年10月末のミニマムアクセス米の総量の使われ方。四捨五入のため、%は合計と内訳は一致しない。
※「在庫」は2019年10月時点の数量で、飼料用備蓄35万tがふくまれる。また、ここに食用不適品として処理した4万t、バイオエタノール用へ販売した16万tがふくまれる。
農林水産省「米をめぐる関係資料 平成30年11月」MA米の販売状況（平成30年10月末現在速報値）より

お米を輸入するよい点と悪い点

世界の貿易のルールは、「自由化」に向かっています。2018（平成30）年に結ばれた「TPP11協定（環太平洋パートナーシップに関する包括的及び先進的な協定）」では、日本のお米の関税についても話題にあがり、関税は残すものの、オーストラリアから毎年決まった量のお米を、ミニマムアクセス米と同じかたちで輸入することが決まりました。

今後、外国から安いお米が大量に入ってくることも考えられます。お米は、日本で自給率が100%に近い食料です。自給率や国内での米づくりにも影響があるでしょう。ここでは、お米の輸入の自由化について考えてみましょう。

下の意見はどれが正しくてどれがまちがいということではないね。みんなも考えてみよう！

外国から安いお米が入ってくると自分たちのつくったお米が売れなくなって困るなぁ

米づくり農家

いろいろな国のお米やお米料理を食べられるのはよいことだと思うな

消費者

日本産、外国産に限らずお米にはいろいろな特ちょうがあるから使いみちに合わせて選ぶといいんじゃないかな

小売店（お米屋さん）

やっぱり毎日食べるものは安く買えるほうがうれしいな

消費者

外国のお米より値段が高くても、おいしくて安全でみんなに喜んで買ってもらえるお米をつくろうと考えているよ

米づくり農家

もっと知りたい！「TPP」って何？

「TPP」は「環太平洋パートナーシップ協定」という協定のことで、太平洋を取りまく国ぐにでグループをつくり、関税を撤廃し自由に貿易をおこなおうというものです。

日本にとっては、貿易が自由化すれば、高品質を誇る工業製品などを輸出しやすくなります。その一方で、日本よりも効率よく安くつくられている農産物の輸入が増えれば、国内の農家が大打撃を受けてしまうという心配があります。そこで日本は、米、小麦、乳製品、砂糖、牛豚肉の5品目の関税を撤廃しないという条件でTTPに参加することにしました。

さまざまな交渉がおこなわれたのち、2018（平成30）年3月にオーストラリア、日本など11か国によって「TPP11協定」が結ばれ、12月30日の発効が決まりました。

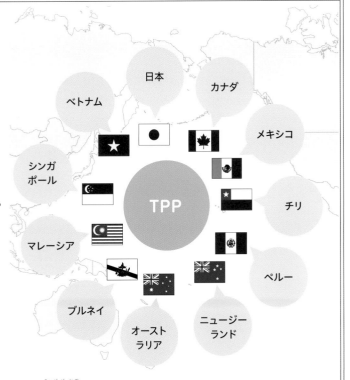

▲ TPP11協定を結んだ11か国。人やお金が自由に行き来する関係をつくり、みんなで国を発展させることを目的としている。

お米まめ知識　「ミニマムアクセス」は「最低限の輸入機会」という意味で、貿易の自由化を進めようという考え方。日本はこうした貿易のルールにしたがって、1991（平成3）年には牛肉とオレンジの自由化をしたよ。

日本のお米を世界へ

国内でのお米の消費量が減っているなか、
お米の市場を海外に広げていこうという動きが高まっています。

⭕ 増えている日本のお米の輸出

日本では現在、お米の輸出量を増やしていくことに力を入れています。2014（平成 26）年には「全日本コメ・コメ関連食品輸出促進協議会」が発足しました。また、2018（平成 30）年には、政府が「コメ海外市場拡大戦略プロジェクト」を立ち上げ、お米の輸出をする業者と連携し、輸出強化や日本のお米の魅力をアピールする活動などをおこなっています。

おもな輸出先は、中国、香港、シンガポール、台湾などのアジアの国ぐにとアメリカ合衆国です。日本のお米はおいしくて品質がよいと評価されています。また、せんべいやあられなどの米菓、日本酒も人気があります。政府は、炊飯器がなくても食べられる便利なパックのごはんなどの輸出も進めています。

和食が無形文化遺産に

2013（平成 25）年、「和食 日本人の伝統的な食文化」がユネスコ無形文化遺産に登録されました。農林水産省による和食の定義は「栄養バランスに優れた健康的な食生活」「自然の美しさや季節の移ろいの表現」「新鮮で多様な食材とその持ち味を生かした調理」「正月などの年中行事との密接な関わり」という 4 つの特ちょうがあるということです。これをきっかけに和食人気がさらに高まり、海外でのお米の需要が高まることが期待されています。

▲お米は和食に欠かせない食材。

日本のお米・米加工品の輸出量の変化

※財務省「貿易統計」をもとに農林水産省が作成。日本酒は、1kL 未満は計上されていない。
農林水産省「商業用の米の輸出数量等の推移」
「米菓の輸出数量等の推移」「日本酒（清酒）の輸出数量等の推移」より

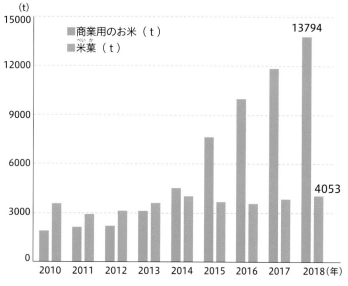

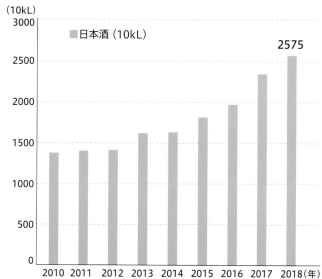

外国の国ぐにに 米づくりの技術を伝える

日本は、お米そのものだけでなく、米づくりの技術を世界に広める活動もしています。2003（平成15）年には、JICA（国際協力機構）が中心となって「New Rice for Africa（アフリカのための新しい米）」の頭文字から「ネリカ米」と名づけられた品種の本格的な栽培を始めました。ネリカ米は、それまでの品種より短期間で育ち、収穫量が多く、アフリカの米づくりで大きな役割を果たしています。2008（平成20）年には、JICAと国際NGOがアフリカの稲作振興のための共同体を設立し、10年で生産量を倍にする計画を立てました。2018（平成30）年には対象23か国の生産量が約2800万tとなり目標を達成、次は2030年までにさらに倍の生産量をめざしています。

▲ウガンダでの稲作の技術指導。左側は、1992（平成4）年からアフリカで稲作の指導をし、2003（平成15）年からネリカ米のプロジェクトに参加している、「ミスターネリカ」こと坪井達史さん。
（写真：篠田有史／JICA）

▶ネリカ米は、アフリカにもともとありアフリカの風土で育ちやすいアフリカイネと、収穫量の多いアジアイネを交配して生まれた。
（写真：佐藤浩治／JICA）

お米を売るくふう

世界で日本のお米を精米・販売
Wakka Japan（北海道札幌市）

Wakka Japanは、世界でお米を売るお米屋さんです。2009（平成21）年、香港に海外初の日本産米専門店「三代目俵屋玄兵衛」を開店し、その後、シンガポール、台北（台湾）、ホーチミン（ベトナム）、ハワイ、ニューヨーク（アメリカ合衆国）にお店を増やしています。

最大の特ちょうは、各店を「精米所」とよび、各地で精米をおこなっていることです。「世界一の日本産米を最高の状態で」という考えをもとに、お米を低温に保ったコンテナで玄米のまま輸出し、現地で注文ごとに精米しています。各店にお米のソムリエ、精米士がいて、外国の人たちにお米の炊き方や保存法、日本食などについても知識を伝えています。

▲シンガポール精米所「三代目俵屋玄兵衛」。精米したてのお米のほか、調味料や梅干し、焼のりなども販売している。

◀香港での精米のようす。
（写真：Wakka JAPAN）

さくいん

ここでは、この本に出てくる重要な用語を50音順にならべ、
その内容（ないよう）が出ているページ数をのせています。
調べたいことがあったら、そのページを見てみましょう。

あ

あきだわら	21
インターネット販売（はんばい）	6,7,20,28
インディカ米（まい）	40,41
LGC（エルジーシー）ソフト	33,35
お米マイスター	28,29,31
卸売業者（おろしうり）	6, 7,9,11,16,17,18, 19,20,22,25,28

か

外食	21
外食業者	18,19
外食産業	27,42
改正食糧管理法（かいせいしょくりょうかんりほう）	25
加工品・製造会社（せいぞう）	27
関税（かんぜい）	42,43
環太平洋パートナーシップ協定（かんたいへいよう）	25,43
カントリーエレベーター	6,8,9,10,11
供給（きょうきゅう）	23,24
業務用米（ぎょうむようまい）	21
杭がけ（くい）	12
計画外流通米（けいかくがいりゅうつうまい）	25
計画流通米（けいかくりゅうつうまい）	25
減反政策（げんたんせいさく）	42
玄米（げんまい）	11,13,16,18,19,20,23, 26,27,30,42,45
原料玄米（げんまい）	18,26
小売店	6, 7,9,11,18,19,28,43
小売・販売業者（はんばい）	27
米トレーサビリティ法	27

さ

産地直送販売（はんばい）	6,7,20
産地直売所	6,7,20
JA（ジェイエー）	6,7,8,9,16,18,19,20,25,28
JA共済連（ジェイエー きょうさいれん）	8
JA全中（ジェイエー ぜんちゅう）	8
JA全農（ジェイエー ぜんのう）	8
自主流通米（じ しゅりゅうつうまい）	25
自主流通米価格形成センター（じ しゅりゅうつうまい か かくけいせい）	25
市場（しじょう）	17,23,44
市場価格（しじょう か かく）	23
JICA（ジャイカ）	45
ジャポニカ米	41
自由化	20,24,25,28,42,43
集荷業者（しゅうか）	25
出荷取扱業者（しゅっか とりあつかい）	6,8
需要（じゅよう）	23,44
春陽（しゅんよう）	35
消費者（しょうひしゃ）	6,7,20,21,22,24,25,26,27
食品表示法（しょくひんひょうじ ほう）	26
食品ロス	39
食味ランキング（しょくみ）	15
食糧管理法（しょくりょうかん り ほう）	24
食料自給率（しょくりょうじきゅうりつ）	38,39
食糧制度（しょくりょうせい ど）	24
食糧法（しょくりょうほう）	25
飼料用米（し りょうようまい）	16,17
新食糧法（しんしょくりょうほう）	24,25
生産者	6,18,20,22,24,25,26, 27,29,38,39,41

生産調整 ……………………… 25,42

生産年 …………………………… 14

政府 ……………… 6,7,16,24,25,42,44

政府備蓄米 ……………… 6, 7,16,17

政府米 …………………………… 25

精米 ……… 16,18,19,20,21,23,26,27,30,45

た

第1次産業 ……………………… 32

第3次産業 ……………………… 32

第2次産業 ……………………… 32

地産地消 ……………………… 20,39

TPP ……………………… 25,43

TPP11協定 ……………………… 43

低温倉庫 …………………………… 17

低グルテリン米 ………………… 35

等級 ……………………………… 14

特A ……………………………… 15

特別栽培米 ……………… 20,23,26

トレーサビリティ ………………… 27

な

中食 ……………………………… 21

中食業者 ……………………… 18,19

ネリカ米 ………………………… 45

農業協同組合→ JA

農産物検査 ……………………… 14

農林中金 …………………………… 8

は

配給制 …………………………… 24

白米 …………………… 16,18,19,30

はさがけ ………………………… 12

販売業者 ……………… 7,22,25,26

備蓄制度 ………………………… 16

品位 ……………………………… 14

ふるさと納税 …………………… 31

米穀価格形成センター ………… 25

米穀通帳 ………………………… 24

米穀配給通帳 …………………… 24

米穀法 …………………………… 24

ま

ミニマムアクセス米 …………… 42,43

ミルキークイーン ……………… 21,33

民間流通米 ……………… 6,16,25

銘柄 ……………… 14,15,18,26,29

銘柄米 ………………………… 15,27

萌えみのり ……………………… 21

もみ ……………………… 6,10,11,27

もみすり ……………………… 11,13

や

有機栽培米 …………………… 26,33

有機JASマーク ………………… 26

ら

ライスセンター …………………10,34

流通業者 ………………………… 27

6次産業化 ……………… 32,33,34,35

監修

辻井良政（つじいよしまさ）

東京農業大学応用生物科学部教授、農芸化学博士。専門は、米飯をはじめとする食品分析、加工技術の開発など。東京農業大学総合研究所内に「稲・コメ・ごはん部会」を立ち上げ、お米の生産者、研究者から、販売者、消費者まで、お米に関わるあらゆる人たちと連携し、未来の米づくりを考え創出する活動もおこなっている。

佐々木卓治（ささきたくじ）

東京農業大学総合研究所参与（客員教授）、理学博士。専門は作物ゲノム学。1997年より国際イネゲノム塩基配列解読プロジェクトをリーダーとして率い、イネゲノムの解読に貢献。現在は、「稲・コメ・ごはん部会」の部会長として、お米でつながる各業界関係者と協力し、米づくりの未来を考える活動をけん引している。

装丁・本文デザイン　周 玉慧、スズキアツコ
DTP　有限会社天龍社
協力　東京農業大学総合研究所研究会
　　　（稲・コメ・ごはん部会）
　　　山下真一、梅澤真一（筑波大学附属小学校）
編集協力　酒井かおる
キャラクターデザイン・マンガ　森永ピザ
イラスト　坂川由美香、下田麻美、わたなべふみ
校閲・校正　青木一平、村井みちよ
編集・制作　株式会社童夢

取材協力・写真提供
JA南アルプス市／JA鈴鹿／JA全農山形／JA秋田ふるさと／株式会社白石倉庫／板橋区立志村小学校／株式会社ミツハシ（ミツハシライス）／JAさいたま／東洋ライス株式会社／戦争と平和の資料館ピースあいち／金沢加賀百万石ほんだ農場／一般財団法人日本米穀商連合会／株式会社スズノブ／JA高知県四万十支所／株式会社百笑の暮らし／株式会社サザビーリーグ（AKOMEYA TOKYO）／株式会社さとふる／株式会社大嶋農場／株式会社六星／株式会社大潟村あきたこまち生産者協会／株式会社さとに医食同源／JICA（国際協力機構）／株式会社Wakka Japan

写真協力
株式会社アフロ／株式会社フォトライブリー／ピクスタ株式会社

イネ・米・ごはん大百科

❸ お米を届ける・売る

発行　2020年4月　第1刷
監修　辻井良政　佐々木卓治
発行者　千葉 均
編集　崎山貴弘
発行所　株式会社ポプラ社
　　　　〒102-8519　東京都千代田区麹町4-2-6
　　　　電話　03-5877-8109（営業）
　　　　　　　03-5877-8113（編集）
　　　　ホームページ　www.poplar.co.jp（ポプラ社）
印刷・製本　凸版印刷株式会社

ISBN978-4-591-16533-1　N.D.C.670／47p／29cm Printed in Japan

イネ・米・ごはん大百科

全**6**巻

監修 辻井良政
佐々木卓治

◆ 全国各地の米づくりから、米の品種、料理、歴史まで、お米のことがいろいろな角度から学べます。

◆ マンガやたくさんの写真、イラストを使っていて、目で見て楽しくわかりやすいのが特長です。

1 日本の米づくりと環境 N.D.C.616

2 お米ができるまで N.D.C.616

3 お米を届ける・売る N.D.C.670

4 お米の品種と利用 N.D.C.616

5 お米の食べ方と料理 N.D.C.596

6 お米の歴史 N.D.C.616

小学校中学年から　A4変型判／各47ページ
図書館用特別堅牢製本図書